SVILUPPARE L'ASSERTIVITÀ

Farsi valere e comunicare in modo più efficace

SVILUPPARE L'ASSERTIVITÀ

Farsi valere e comunicare in modo più efficace

scritto da Véronique Bronckart
tradotto par Sara Rossi

50MINUTES.com

SVILUPPARE L'ASSERTIVITÀ

- **Il problema:** come difendere il proprio punto di vista e le proprie esigenze rispettando quelle degli altri?

- **Perché è utile:** affermarsi senza apparire arroganti o aggressivi permette di sviluppare una comunicazione efficace e sana all'interno dell'azienda.

- **Contesto professionale:** relazioni professionali, sviluppo personale, psicologia sociale, management, gestione dei conflitti.

- **FAQ :**

  - Che cos'è l'assertività?

  - In quali situazioni l'assertività può essermi utile?

  - Come essere assertivi senza apparire aggressivi o arroganti?

  - Assertività o egoismo?

  - Come posso cambiare il mio comportamento per essere più assertivo?

  - Che impatto può avere l'assertività sulla mia vita professionale?

Sia nella vita privata che in quella professionale ci troviamo regolarmente di fronte a richieste che ci infastidiscono perché troppo ricorrenti o non corrispondono ai nostri valori e troppo spesso non osiamo dire "no" per paura di deludere o per evitare un conflitto, nonostante la frustrazione, la tristezza o la rabbia che questa situazione può suscitare in noi. Come possiamo evitare tutto questo? Come possiamo smettere di rispondere semplicemente con "come desidera"? Come possiamo affermare noi stessi senza causare conflitti o delusioni? Come possiamo evitare di ferire chi ci circonda e allo stesso tempo difendere i nostri diritti?

La soluzione è una sola: l'assertività. Questo comportamento viene talvolta confuso con l'arroganza o l'aggressività, ma non è così. Infatti, mentre il comportamento aggressivo mira a danneggiare gli altri e l'arroganza è simile al disprezzo per il proprio interlocutore, l'assertività mira a rispettare gli altri e sé stessi. Tuttavia, la linea di demarcazione tra i due è sottile e basta un piccolo errore per essere considerati minacciosi piuttosto che benevoli. Pertanto, è indispensabile comunicare in modo appropriato. Ciò richiede una buona conoscenza di sé stessi, delle proprie esigenze e dei propri valori.

Se anche voi avete difficoltà a discutere, a dire "no" o se non osate affermarvi in una riunione, di fronte ai vostri colleghi o al vostro superiore, questo testo vi aiuterà a uscire da queste situazioni. In 50 minuti, scoprirete le chiavi per sviluppare la vostra assertività attraverso passi da seguire, consigli ed esercizi.

LE BASI DELL'ASSERTIVITÀ NEL POTERE

CHE COS'È L'ASSERTIVITÀ?

Si tratta della capacità di esprimere e difendere i propri diritti e le proprie opinioni nel rispetto di quelli altrui. Infatti, il comportamento assertivo consiste nell'affermare i propri bisogni, emozioni, limiti o convinzioni in modo diretto e onesto, con sicurezza e tranquillità, senza frustrare l'altra persona.

Purtroppo, a causa di errori di comunicazione o di interpretazione, l'assertività viene spesso scambiata per aggressività o arroganza, anche se il suo scopo è garantire il rispetto reciproco e non danneggiare gli altri.

LA SUA UTILITÀ NEL CONTESTO PROFESSIONALE

L'assertività gioca un ruolo importante nelle relazioni professionali e nelle situazioni di gestione:

. le vostre relazioni professionali miglioreranno e diventeranno sane grazie all'espressione chiara e franca delle rispettive esigenze;

. svilupperete la vostra intelligenza relazionale, cioè la capacità di adattare il vostro stile di comunicazione all'interlocutore e alla situazione, mettendo a proprio agio i colleghi;

- aumenterete le possibilità di vincere le trattative e di concludere saldamente i contratti;

- ridurrete le fonti di stress e il rischio di burnout osando dire gentilmente "no" ai vostri colleghi quando siete sovraccarichi;

- aumenterete la vostra fiducia e il senso di sicurezza dei vostri collaboratori assumendo responsabilità e leadership;

- si imparerà a usare la critica costruttiva per incoraggiare cambiamenti nelle azioni o nei comportamenti per raggiungere i propri obiettivi;

- si contrasteranno i giochi di potere e le manipolazioni rimanendo onesti con sé stessi, rispettando le proprie esigenze e quelle degli altri;

- Infine, migliorerà il vostro benessere.

👁 UN IMPATTO SULL'INTERA AZIENDA

Bastano una o due persone per sviluppare questo comportamento positivo e l'atmosfera generale dell'azienda ne risentirà. Gli scambi tra i reparti e le riunioni diventano più efficaci perché la comunicazione sarà migliore. Gli obiettivi sono meglio definiti e il ruolo e il contributo di ogni persona sono chiaramente identificati, il che può anche ridurre le fonti di conflitto. Lo stesso vale per gli atteggiamenti negativi: trattare i colleghi con disprezzo li porterà a ripetere lo stesso schema. Agite di conseguenza per il benessere vostro e del vostro team.

COME OSARE E ESPRIMERE SÉ STESSI?

Per osare esprimersi, è indispensabile imparare a conoscersi, a rispettarsi, a controllare le proprie emozioni e a comunicare le proprie aspettative, limitando la sgradevolezza del proprio interlocutore. Se questo vi sembra complicato, utilizzate i seguenti passaggi per semplificare il compito.

Consapevolezza di sé

Il primo passo verso l'assertività consiste nel prendere coscienza dei propri bisogni, paure, valori e limiti per accettarli. Per farlo, chiedetevi: Di cosa ho bisogno? Che cosa è importante per me? Cosa mi motiva? Di cosa ho paura? Come mai questa situazione mi preoccupa? Quali emozioni suscita in me questa situazione? Quali sono i miei limiti? La definizione di questo quadro di riferimento vi aiuterà a identificare ciò che per voi è fondamentale e ciò che non lo è. Non c'è bisogno di affermare sé stessi e di discutere su tutto, basta concentrarsi sulle cose che sono importanti per voi.

 **TRE CATEGORIE DI LIMITI**

Va notato che esistono diverse forme di limiti. Ci sono quelli relativi:

- **al "possibile" e all'"impossibile".** Si tratta di distinguere tra ciò che è effettivamente e fisicamente possibile e ciò che non lo è. Ad esempio, sarà impossibile inviare un'e-mail se la connessione internet non funziona;

- **a regole e norme.** Si tratta essenzialmente di atti o comportamenti che non rispettano le regole in vigore, siano esse stabilite da un regolamento, da una legge o frutto di buona educazione. Ad esempio, non è opportuno fumare durante una riunione;

- **ai vostri valori, alle vostre convinzioni e alle vostre esigenze.** Questi limiti sorgono quando le azioni o i compiti che vi vengono richiesti vi fanno sentire frustrati, a disagio o arrabbiati, perché sono contrari ai vostri valori, non rispettano le vostre convinzioni o vi impediscono di soddisfare i vostri bisogni. È soprattutto a questa categoria di limiti che si riferisce il comportamento assertivo. Supponiamo che un vostro collega vi chieda di cambiare una cifra in un documento contabile per coprire un errore che ha commesso: non solo è contro le regole, ma anche contro uno dei vostri valori, l'onestà. Oppure il vostro capo vi chiede di rimanere fino a tardi per ultimare una pratica e siete invitati al ristorante per festeggiare il compleanno di un amico: questo vi sconvolge perché dovevate essere disponibili questa sera.

Rispetto me stesso, rispetto voi

Come spiegato in precedenza, l'assertività si basa sul rispetto di sé stessi e degli altri. Rispettare sé stessi significa essere in grado di comunicare con il proprio io.

Non si tratta di recitare un monologo interiore, ma di prendere coscienza e accettare chi siete (la vostra personalità), che cosa siete (il vostro comportamento e le vostre azioni), che cosa sapete fare (competenze, abilità) e che cosa è importante per voi (valori, desideri, bisogni). Potrete così agire in accordo con voi stessi ed evitare qualsiasi fonte di frustrazione, disagio o stress. Facciamo un esempio: uno dei vostri colleghi vi chiede di aiutarlo a finire una relazione. Questo vi preoccupa perché avete molto lavoro da finire e sapete che, se accettate, rimarrete indietro, una situazione che vi turba più di ogni altra cosa. Quindi, sollevare il collega - che sarebbe anche un segno di ascolto e di rispetto nei suoi confronti - andrebbe a scapito del vostro benessere. Si noti che questo non significa rifiutare sistematicamente le richieste dei colleghi senza ascoltarli! Per rispettare entrambe le parti, analizzate le esigenze di ciascuno e trovate un compromesso: spiegate al vostro collega che dovete finire una pratica urgente, ma che lo aiuterete una volta terminato.

Per garantire il rispetto della vostra integrità e di quella della persona con cui avete a che fare, utilizzate le posizioni di vita dell'analisi transazionale, che vi permette di analizzare, comprendere e prendere coscienza di ciò che accade in una relazione tra persone diverse. Concetto sviluppato dallo psicologo americano Eric Berne (1910-1970), la posizione di vita rappresenta il valore che attribuiamo a noi stessi e agli altri. Si distingue tra l'idea positiva (chiamata "OK" nell'analisi transazionale e rappresentata da un "+") che si ha di sé stessi, degli altri e del mondo e l'idea negativa ("non OK" e simboleggiata da un "-").

Per considerare sia le vostre esigenze che quelle degli altri, assicuratevi di raggiungere la posizione di vita "+/+".

Aprirsi prima di affermarsi

Essere assertivi significa anche osare esprimersi o rifiutare, rimanendo aperti e comunicativi. Per raggiungere il giusto equilibrio, è necessario ascoltare l'altro, comprenderlo e accettare la sua posizione e le sue esigenze prima di esprimere le proprie. Troppo spesso dimentichiamo di prendere in considerazione l'altra persona. È il caso, ad esempio, di un'assistente esecutiva che ha ricevuto l'ordine di non inoltrare le telefonate di al manager e di rispondere semplicemente che egli non è disponibile. Non si preoccupa di considerare l'importanza della chiamata e l'impatto che potrebbe avere se la persona non fosse raggiungibile. Apritevi sempre all'interlocutore e lasciategli esprimere ciò che vuole dire.

Controllare le emozioni

Le emozioni che proviamo nella nostra vita quotidiana ci definiscono come esseri umani, ma quando siamo sotto stress, ci sopraffanno, ci impediscono di pensare correttamente e ci possono fuorviare. Tra queste, l'ansia causata dall'anticipazione di un possibile fallimento, la delusione dovuta all'insoddisfazione per una situazione o la rabbia che sfocia in una forte insoddisfazione o addirittura nella violenza fisica. Quando ci lasciamo trasportare dalle emozioni, la situazione può rapidamente sfuggirci di mano. La chiave per evitarlo è sviluppare una migliore percezione cognitiva di ciò che accade quando ci troviamo in questi stati.

Per rendervene conto, analizzate una situazione di conflitto recente e chiedetevi: cosa ho provato in quella situazione? Perché mi ha fatto sentire arrabbiato, ansioso o triste? Sono riuscito ad accettare questa sensazione? L'ho espresso e come? Come l'ho incanalato? Queste domande vi aiuteranno a capire e a identificare la causa delle vostre emozioni e, quindi, a imparare a controllarle meglio.

Ad esempio, una sera il vostro capo vi chiede di rimanere un'ora più tardi per finire una pratica, mentre voi dovete andare a prendere i vostri figli a scuola. Se tendete a sottomettervi per paura di non soddisfarlo, probabilmente proverete un misto di paura (avete paura di affermarvi perché lui rappresenta l'autorità), frustrazione (non osate esprimere i vostri bisogni) e tristezza (avete promesso ai vostri figli di venire). Analizzando la situazione, comprendendo il motivo di questi sentimenti e lavorando per canalizzarli, sarete in grado di gestirli meglio e, a lungo andare, oserete imporvi.

Osare dire

In effetti, osare dire qualcosa non è sempre facile. Con il pretesto di proteggere l'altra persona, tendiamo a non esprimerci per paura della sua reazione o perché ci vergogniamo di ciò che diciamo. Preferiamo, quindi, dare la priorità ai bisogni e ai desideri degli altri piuttosto che ai nostri. Ad esempio, quando uno dei vostri colleghi vi propone di partecipare a un seminario che non vi interessa, invece di accettare per educazione, osate dirgli come vi sentite e declinate l'invito. Se il vostro collega si offende, spiegategli la situazione con calma: "Non credo che la mia partecipazione a questo seminario mi sarà utile, perché l'argomento non è rilevante per il mio campo professionale." Il silenzio non è una soluzione, perché può generare frustrazione o rabbia nel vostro interlocutore, danneggiando la vostra relazione. Nessuno può immaginare come vi sentite se non lo esprimete.

 ## AMMICCAMENTO DEL DATORE DI LAVORO

Un buon leader è colui che, tra le altre qualità, esprime le proprie aspettative in modo chiaro, assertivo e fermo, rimanendo attento alle esigenze del team.

Buona comunicazione

Essere consapevoli del bisogno di esprimersi è un primo passo. Ma come si fa a farlo davvero? Iniziate a preparare il vostro discorso basandolo su fatti reali e tangibili utilizzando le domande chiave della griglia QQOQCC: "Chi? Cosa? Dove? Quando? Come? Quanto?" L'obiettivo è presentare i fatti in modo accurato e oggettivo, senza fare generalizzazioni, esprimere opinioni personali o accuse. Utilizzando informazioni che vi sono familiari, diventerete più sicuri e sarete più a vostro agio nell'esprimervi, poiché sarà difficile mettere in discussione ciò che dite.

Usate una comunicazione calma e appropriata per esprimere i vostri sentimenti e le vostre esigenze. Questo ridurrà la tensione e faciliterà la comprensione. Date un senso alle vostre parole e formulate richieste chiare e concise, assicurandovi che abbiano un esito positivo per entrambe le parti. Durante lo scambio, lasciate che l'altra persona si esprima e ascoltate il suo punto di vista.

 ## Piccolo plus

Dopo aver ascoltato l'interlocutore ed espresso le vostre esigenze, concludete lo scambio con una nota positiva trovando un compromesso. Non dimenticate le parole chiave dell'assertività: empatia e rispetto per l'altra persona.

I MIGLIORI CONSIGLI

- **Né zerbino né riccio.** Essere passivi compromette il vostro benessere, ma essere aggressivi può farvi diventare il paria dell'azienda. Trovare il giusto equilibrio: il comportamento assertivo consiste nell'affermare e nel far valere le proprie esigenze, i propri limiti o le proprie opinioni in modo attento e deciso, senza imporle agli altri.

- **Conoscere sé stessi.** Per poter affermare sé stessi, è necessario essere consapevoli dei propri valori, paure, emozioni, bisogni e limiti. Sarà impossibile esprimerli in modo autentico se li si ignora.

- **Rispettate voi stessi e l'interlocutore.** Questo significa esprimere i propri bisogni e sentimenti. Tenerli per sé porterebbe a frustrazione o stress. Rispettare sé stessi significa anche saper dire "no" quando la situazione lo richiede. Inoltre, ascoltare e capire l'interlocutore non è sufficiente; dovrete assicurarvi che le vostre idee e parole tengano conto degli interessi dell'altra persona.

- **Apritevi all'altro.** Prima di esprimervi, ascoltate l'interlocutore, siate aperti ai suoi sentimenti e alle sue parole per capire i suoi interessi e trovare un compromesso con i vostri.

- **Esprimete le vostre emozioni.** In una situazione difficile o conflittuale, identificate, accettate e canalizzate le emozioni che provate (rabbia, tristezza, ecc.)

in modo che non vi sopraffacciano. Utilizzatele in modo positivo esprimendole chiaramente all'altra persona, in modo che capisca l'impatto delle sue parole e azioni su di voi. Se reagite con forza senza dare una motivazione, sembrerete imponenti, lunatici, arrabbiati, ma non certo assertivi.

- **Ponetevi le domande giuste.** Si tratta di analizzare la situazione per comprenderla e affrontarla al meglio. Chiedetevi perché la situazione vi disturba; quali sono i vostri bisogni e quelli dell'altra persona; quali sono i confini che l'altra persona ha oltrepassato; ecc. Infine, sbloccate la situazione ponendo la domanda: "Quale soluzione potrebbe essere vantaggiosa per entrambi?

- **Osate dire "no".** Mettiamo le cose in prospettiva: rifiutare una richiesta non porta sempre a situazioni catastrofiche. Tuttavia, non rifiutatele tutte; analizzatele e misuratene l'impatto prima di prendere una decisione: "Quali saranno i vantaggi e gli svantaggi dell'accettazione?

- **Concludete con una nota positiva.** Come nel caso della comunicazione non violenta, è molto importante concludere il dialogo con un accordo vantaggioso per entrambe le parti. Non dimenticate di ringraziare l'interlocutore per avervi ascoltato durante lo scambio.

ASSERTIVITÀ NELLA COMUNICAZIONE NON VIOLENTA

L'assertività è una delle abilità comunicative fondamentali della comunicazione non violenta, un metodo sviluppato dallo psicologo americano Marshall Rosenberg (1934-2015). Mentre l'assertività è un atteggiamento, la comunicazione non violenta si riferisce direttamente a una tecnica di comunicazione. Entrambe si basano sull'autenticità, l'empatia e il rispetto e servono a esprimersi con chiarezza e fermezza, ma senza aggressività, per rimanere in accordo con sé stessi pur tenendo conto delle esigenze dell'altro.

- **Fate attenzione alle parole e alle azioni.** Per farsi valere senza apparire aggressivi, è importante adottare un vocabolario calmo e rispettoso, adatto alla situazione. Prestate attenzione anche alla voce: non parlate a voce troppo alta e mantenete un tono neutro. Il linguaggio del corpo gioca un ruolo importante. Pertanto, prestate attenzione ai vostri gesti (ad esempio, indicare qualcuno può essere interpretato come un'aggressione) e alle vostre espressioni facciali (evitate di sorridere). State dritti per dare l'immagine di una persona sicura e decisa.

- **Non arrendetevi.** Se volete sviluppare un comportamento assertivo, siate coerenti con ciò che dite, rimanendo fermi sulle vostre posizioni. Se cedete, rischiate di perdere tutta la credibilità dell'interlocutore, che non terrà conto delle vostre parole durante il prossimo scambio.

- **Fate un passo indietro.** Anche se siete sicuri di sapere di cosa avete bisogno in quel momento, potreste cambiare idea nella foga del momento. Non prendete decisioni importanti su due piedi.

 ## Occhiolino ai dipendenti

Essere assertivi non significa essere sgradevoli o arroganti. Con l'assertività, darete l'immagine di una persona sicura e rassicurante, migliorando le relazioni con i vostri colleghi e superiori. Fate, però, attenzione a essere voi stessi: se siete riservati, non c'è bisogno di forzarvi a essere eccessivamente assertivi, purché non vi sentiate sopraffatti. Non esiste un solo tipo di assertività, quindi create la vostra personalità.

FAQ

CHE COS'È L'ASSERTIVITÀ?

È un comportamento e un modo di comunicare basato sul rispetto di sé e degli altri. L'assertività invita a farsi valere, a esprimere le proprie esigenze o il proprio punto di vista, a difendere i propri interessi rispettando quelli dell'altro. Una persona assertiva osa dire ciò che pensa con sicurezza e tranquillità, pur rimanendo aperta e premurosa. Sviluppando questo atteggiamento, le relazioni professionali e il benessere miglioreranno.

IN QUALI SITUAZIONI L'ASSERTIVITÀ PUÒ ESSERMI UTILE?

Questo comportamento può essere utile in molte situazioni con un superiore o un collega, sia in riunione che durante un disaccordo. L'assertività è molto appropriata anche nel contesto della comunicazione non violenta.

 ### RIVOLGERSI ALLA PERSONA GIUSTA

Si noti che è indispensabile essere assertivi con la persona corretta. Affermare la propria opinione a qualcuno che non è un decisore vi porterà pochi benefici. Ad esempio, il vostro manager vi chiede di finire un lavoro entro il fine settimana. Non potete farlo perché non avete i materiali necessari. Dimostrarlo con obiettività e calma a un collega non vi aiuterà. Contattate direttamente il vostro superiore e spiegategli perché non siete in grado di rispondere positivamente alla sua richiesta.

COME ESSERE ASSERTIVI SENZA APPARIRE AGGRESSIVI O ARROGANTI?

Una persona assertiva non è né arrogante né aggressiva. Se questo comportamento viene talvolta considerato tale, si tratta semplicemente di un'interpretazione errata o di un errore di comunicazione. Prestate attenzione al vostro linguaggio verbale e corporeo per non trasmettere una cattiva immagine di voi stessi. Essere assertivi e sicuri di sé non significa calpestare gli altri. Trovate l'equilibrio per esprimere le vostre esigenze senza frustrare o ferire l'altra persona.

ASSERTIVITÀ O EGOISMO?

Esprimere il proprio punto di vista, soprattutto rifiutandosi, non significa essere egoisti. Per farlo, assicuratevi di esprimervi nel modo giusto: rimanete in accordo con voi stessi, rispettate l'altra persona e tenete conto delle rispettive esigenze per trovare una soluzione *vantaggiosa per tutti*.

COME POSSO CAMBIARE IL MIO COMPORTAMENTO PER ESSERE PIÙ ASSERTIVO?

Iniziate a lavorare su voi stessi per conoscervi meglio. Ponetevi le domande giuste: "Chi sono? Cosa mi piace? Cosa odio? Quali sono le mie capacità e le mie competenze? Quali sono i miei punti deboli? Quali sono le mie paure, i miei valori, i miei limiti, i miei bisogni?

Allora prendete coraggio e dite quello che pensate. Esprimete la vostra opinione con calma, ma con fermezza, assicurandovi di non offendere l'altra persona e di rispettare gli interessi reciproci. Ricordate di rimanere aperti e ricettivi nei confronti dell'altra persona, ascoltando e considerando il suo punto di vista.

CHE IMPATTO PUÒ AVERE L'ASSERTIVITÀ SULLA MIA VITA PROFESSIONALE?

Questo comportamento trasformerà il vostro orizzonte professionale aiutandovi a:

- sviluppare una comunicazione sana e relazioni professionali basate sul rispetto reciproco;
- ridurre le fonti di conflitto e migliorare l'atmosfera generale;
- motivare i vostri team affermandovi con sicurezza e fermezza;
- rendere le riunioni più efficaci;
- negoziare o concludere un contratto con facilità;
- dire "no" quando la vostra agenda è sovraccarica;
- migliorare il vostro benessere professionale e personale.

STA A VOI DECIDERE!

SIETE ASSERTIVI?

Questo esercizio invita a valutare il proprio livello di assertività e a individuare i comportamenti che si possono migliorare. Ripensate a una volta in cui, in seguito a una richiesta di un collega o di un superiore, avete risposto "sì" mentre avreste voluto rifiutare e rispondete alle seguenti domande:

- Qual era la richiesta dell'interlocutore? Era un "must" o un "sarebbe bello se"?

- Che tipo di confine è stato per te?

- A quel tempo, quali erano i tuoi desideri e le tue esigenze? Li hai espressi?

- Come ti sei sentito? Ne avete parlato?

- I tuoi valori sono stati rispettati?

- Hai espresso tutto ciò che volevi? Se sì, quali conseguenze hanno avuto le tue parole? Se no, perché?

- Hai ascoltato e compreso le esigenze e i valori dell'interlocutore? Se sì, quali erano? Se no, perché?

- Chi ha preso la decisione finale? Tu, lui o entrambi su un compromesso? Perché è successo?

- Vi siete trovati nella necessità e nell'opportunità di negoziare?

. Se lo scambio è finito male, quale atteggiamento
  avresti potuto adottare per concluderlo in modo positivo?

OSARE AFFERMARE SÉ STESSI

Elencate diversi contesti in cui avete avuto difficoltà ad
affermarvi. Questo esercizio vi aiuterà a conoscervi
meglio, ad analizzare le situazioni e a metterle in prospettiva, in modo da poter osare esprimere e assumere
i vostri bisogni.

PER APPROFONDIMENTI

FONTI BIBLIOGRAFICHE

Corten (Philippe), *"Tuer le stress avant qu'il ne nous tue"! Manuel pratique de gestion du stress*, Bruxelles, Clinique du Stress CHU Brugman, 2006.

"Definizione e utilità dell'assertività", in *Assertività*, febbraio 2013, consultato il 2 settembre 2015.

Le Guernic (Agnès), "Les positions de vie", in *AT*, consultato il 25 settembre 2015.

http://analysetransactionnelle.fr/les-concepts-de-base/les-positions-de-vie/

Tournebise (Thierry), "Assertività. L'affirmation de soi dans le respect d'autrui", in *Maieusthesie*, settembre 2001, consultato il 2 settembre 2015.

http://maieusthesie.com/nouveautes/article/assertivite.htm

FONTI AGGIUNTIVE

Grivel (Sylvie), *Être soi dans ses relations. Développer son assertivité en entreprise*, Paris, Eyrolles, 2014.

Hadfield (Sue) e Hasson (Gill), *Développez votre assertivité dans toutes les situations*, Paris, Leduc.s Éditions, 2012.

Schuler (Éric), *Comment s'affirmer. L'assertivité au quotidien, ni hérisson, ni paillasson*, Paris, Éditions d'Organisation, 1992.

VB Coach'In, *La Communication NonViolente en milieu professionnel*, Bruxelles, Lemaitre Publishing, 2015.

Vogliamo sapere da voi!
Lasciate un commento sulla vostra biblioteca online
e condividete i vostri libri preferiti sui social media!

L'editore garantisce l'affidabilità delle informazioni
pubblicate, che non possono tuttavia impegnare la sua
responsabilità.

Master ISBN: 9782808608299
ISBN cartaceo: 9782808609500
Deposito legale: D/2023/12603/135

Design digitale: Primento,
il partner digitale degli editori.